한글을 창제하신 세종대왕께 감사드리며

*For King Sejong the Great
who created Hangeul in 1443*

차례
Contents

한글의 자음과 모음		14 자음과 5 쌍자음, 21 모음	1
모음 이야기		아야어여 이야기	2
받침 없는 이야기	1	누구 뼈?	4
	2	개미가 우르르르	6
	3	까르르 까르르	8
	4	소리 내 보세요	10
	5	내가 최고야	12
	6	도와줘서 고마워요	14
	7	너 누구니?	16
	8	어디 가지?	18
	9	아기 해마의 하루	20
	10	나무가 자라서	22
부록		와! 한글을 써요	24
		와! 받침이 없네 카드 1	25
		와! 받침이 없네 카드 2	27

14 자음과 5 쌍자음 — 14 consonants and 5 twin consonants

	1 ㄱ ㄴ	ㅅ ㅇ 4	
따뜻한 색은 유성음	2 ㄷ ㄹ	ㅈ ㅊ 5	차가운 색은 무성음
	3 ㅁ ㅂ	ㅋ ㅌ 6	

The warm-colored letters are voiced consonants.

7 ㅍ ㅎ

The cool-colored letters are unvoiced consonants.

8 ㄲ ㄸ ㅃ ㅆ ㅉ

기역 니은 디귿 리을 미음 비읍 시옷 이응 지읒 치읓 키읔 티읕 피읖 히읗 쌍기역 쌍디귿 쌍비읍 쌍시옷 쌍지읒

ㄱ ㄴ ㄷ ㄹ ㅁ ㅂ ㅅ ㅇ ㅈ ㅊ ㅋ ㅌ ㅍ ㅎ ㄲ ㄸ ㅃ ㅆ ㅉ

21 모음 — 21 Vowels

| 1 ㅏ ㅑ | 2 ㅓ ㅕ | 3 ㅗ ㅛ | 4 ㅜ ㅠ |

5 ㅡ ㅣ

| 따뜻한 색은 밝은 소리 | 6 ㅐ ㅒ ㅔ ㅖ | 차가운 색은 어두운 소리 |

The warm-colored letters are bright sounds.

8 ㅚ ㅘ ㅙ

7 ㅢ

9 ㅟ ㅝ ㅞ

The cool-colored letters are dark sounds.

ㅏ ㅑ ㅓ ㅕ ㅗ ㅛ ㅜ ㅠ ㅡ ㅣ ㅐ ㅒ ㅔ ㅖ ㅢ ㅚ ㅘ ㅙ ㅟ ㅝ ㅞ

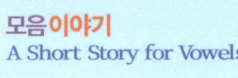

아야어여 이야기

여우야, 여우야!
위야, 위!

아야!
으으~

왜?

이 아이예요.

오우!

애야~

예!

이 애의 우유야.

어?

우와!

와!

누구 뼈

누구 뼈?
고래 뼈.

누구 뼈?
타조 뼈.

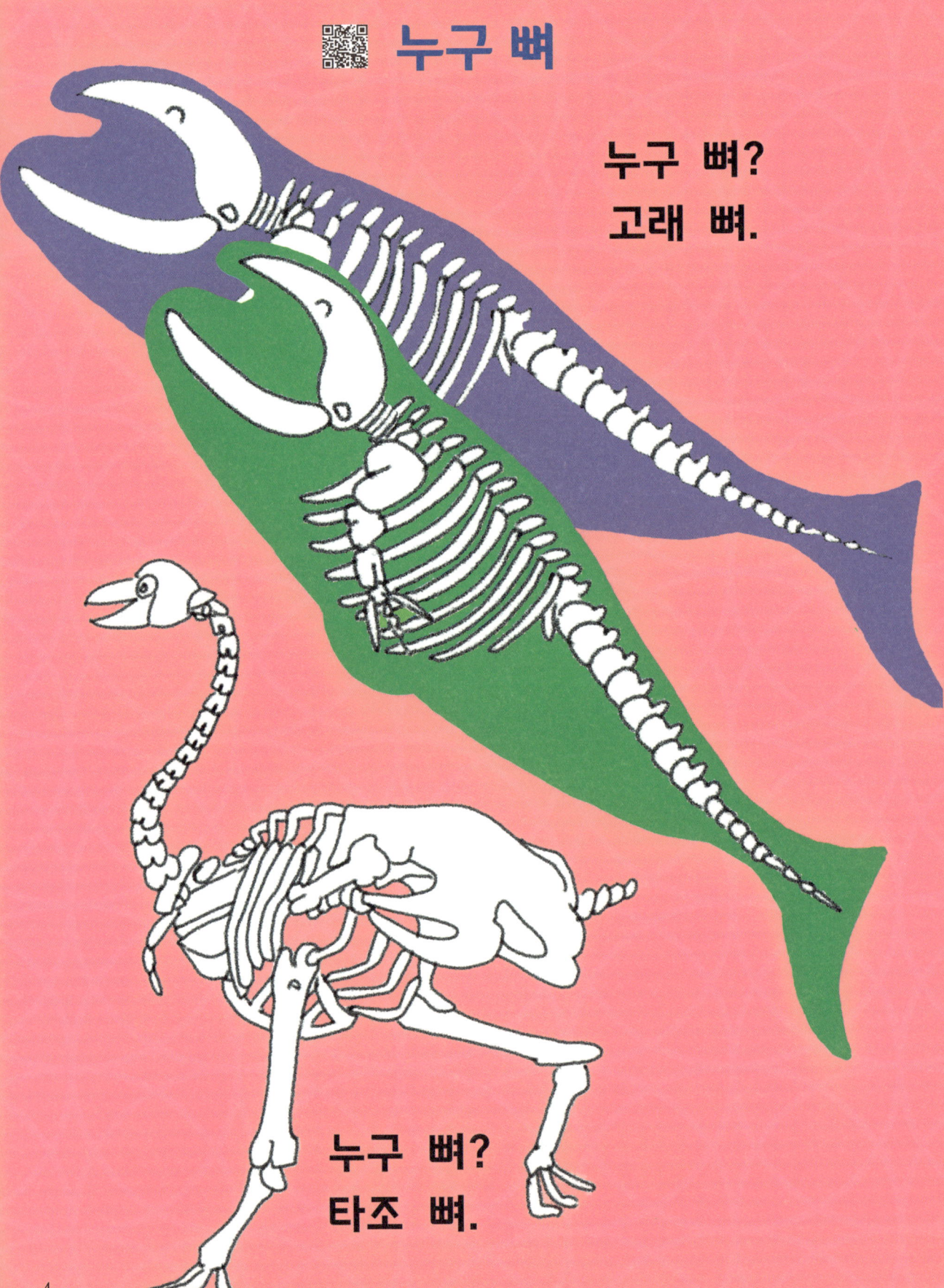

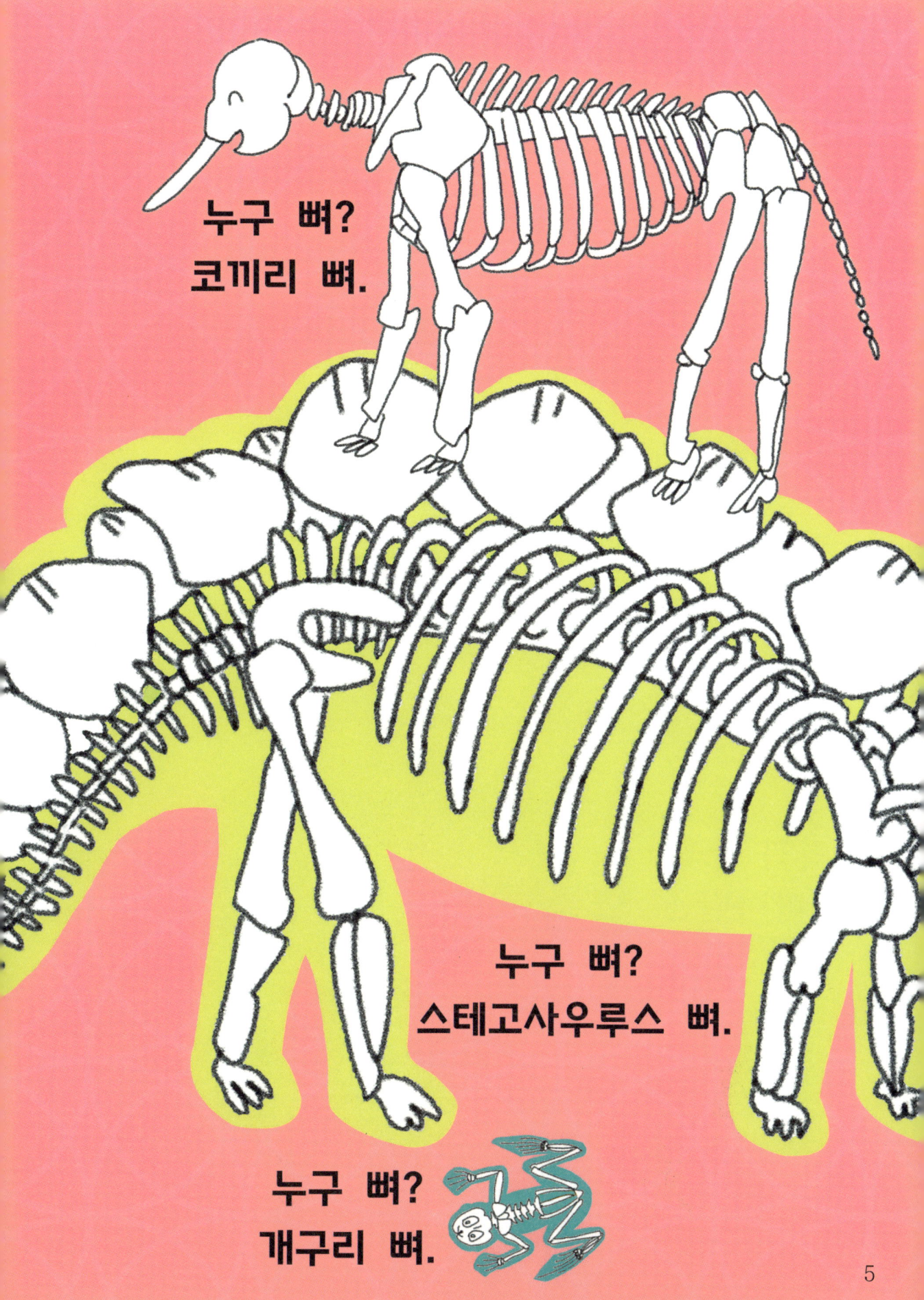

개미가 우르르르

개미 아래
도토리

도토리 아래
키위

키위 아래
토마토

토마토 아래
사과

사과 아래
바나나

"야호!"

"너 위에서 뭐 하니?"

까르르 까르르

조르르

까르르

까르르

스르르

또르르

받침 없는 이야기 4
Story4 Without Bottom Consonants

소리 내 보세요

차 소리 내 보세요.

개구리 소리 내 보세요.

새 소리 내 보세요.
크게 소리 내 보세요.

파도 소리 내 보세요.
예쁘게 소리 내 보세요.

받침 없는 이야기 5
Story5 Without Bottom Consonants

내가 최고야

이리저리 보아도 내 꼬리가 최고야.

이리저리 보아도 내 코가 최고야.

이리저리 보아도 내 귀가 최고야.

이리저리 보아도 내가 최고야.

너 누구니?

어디 가지?

오리 두 마리가 지나가네. 모자 쓰고 가네.

타조 세 마리가 지나가네. 개구리도 따라가네.

개미 네 마리가 기어가네. 바쁘게 어디 가지?

아기 코끼리도 따라가네. 모두 어디 가지?

아기 해마의 하루

아기 해마가
바다 아래에서
뭐 하며 노나요?

해파리 그네
타지요.

자라와
모래에서
미끄러지지요.

나무가 자라서

도토리에서 나무가 태어나 이제 아기 나무예요.

더 자라나 이제 토끼가 와서 쉬고 가요.

더 자라나
도토리가 또르르르.

나무가 자꾸자꾸 자라서, 이제 나무 아래 모여
기쁘게 이야기 나누어요. 나무야, 고마워.

W🇰🇷W I Can Write Korean 와! 한글을 써요

1 **개구리** 개구리 개구리

2 **귀** 귀 귀

3 **꼬리** 꼬리 꼬리

4 **나무** 나무 나무

5 **도토리** 도토리 도토리

6 **모자** 모자 모자

7 **사과** 사과 사과

8 **아이** 아이 아이

9 **조개** 조개 조개

10 **코끼리** 코끼리 코끼리

11 **키위** 키위 키위

12 **타조** 타조 타조

13 **토마토** 토마토 토마토

14 **파도** 파도 파도

15 **해마** 해마 해마

 WOW Word Cards — 와! 받침이 없네 카드 1

또	다시	그리고	그래서	그러나
우주	지구	세계	나라	바다 비
아버지	어머니	오빠	누나	아이
아저씨	아주머니	머리	이마	어깨
배 허리	다리	개	소 돼지	쥐
나비	모기	개미	자 시계	의자
피아노	모자	바지	치마	스테이크
구이	찌개	커피	아메리카노	주스

비싸다	비싸고 비싸니까 비싸며 비싸 비싸서	시다	시고 시니까 시며 시어, 셔 시어서, 셔서	크다	크고 크니까 크며 커 커서
고프다	고프고 고프니까 고프며 고파 고파서	예쁘다	예쁘고 예쁘니까 예쁘며 예뻐 예뻐서	느리다	느리고 느리니까 느리며 느려 느려서

 **WOW Word Cards** 와! 받침이 없네 카드 2

나	내	저	제	우리	저희	너	너희
애 얘네	쟤 쟤네	걔 걔네	가	에게	의	와	예 네
아니 아니야 아니지	아니요 아니에요 아니지요	이	저	그	어느	이거 저거 그거 어느거	이게 저게 그게 어느게
여기	저기	거기	어디	이리 저리 그리 어디	어때
뭐	누구	왜	어째서	위	아래
뒤	에	서	에서	로	부터	까지
니	네	다	야	지	요	예요	자
아니에요	세요	마	지 마세요

가다	가고 가니 가네 가며 가자 가세요 가 가서	뛰다	뛰고 뛰니 뛰네 뛰며 뛰자 뛰세요 뛰어 뛰어서	오다	오고 오니 오네 오며 오자 오세요 와 와서	사다 자다 서다 보다 두다 키우다 끄다 그리다 가르치다 되다 쉬다
주다	주고 주니 주네 주며 주자 주세요 줘 줘서	배우다	배우고 배우니 배우네 배우며 배우자 배우세요 배워 배워서	모으다	모으고 모으니 모으네 모으며 모으자 모으세요 모아 모아서	
쓰다	쓰고 쓰니 쓰네 쓰며 쓰자 쓰세요 써 써서	마시다	마시고 마시니 마시네 마시며 마시자 마시세요 마셔 마셔서	하다	하고 하니 하네 하며 하자 하세요 해 해서	

I Can Read Korean

A Brilliant Korean phonics storybook series
Expand your world with Korean skills

사고력 파닉스 for smart kids
Ingenious K-edu style English Phonics

You can develop
not only
English reading ability
but also
thinking skills
brain power
creativity
with unique fun

written by **김수희(Kim Suhie)**

저서 : 가나다아저씨, 내 아이 첫 영어,
　　　내 아이의 진도:영어, IQ Up Phonics
방송 : EBS 엄마표 영어 특강
역서 : 잊으면 편해

illustrated by

정진수(Jeong Jinsoo)
누구 뼈?
개미가 우르르르
까르르 까르르
내가 최고야
너 누구니?
어디 가지?

박비솔(Park Bisol)
아야어여 이야기
도와줘서 고마워
나무가 자라서

유채은(Yoo Chae-eun)
소리 내 보세요
아기 해마의 하루

Fonts List 책에 사용된 아름다운 서체들

표지 : **ONE 모바일POP** 나눔스퀘어 제주명조 에스코어드림6
ㄱㄴㄷㄹ자음과 ㅏㅑㅓㅕ모음 : **본고딕**
헌사 : 대한체
차례 : **이순신 돋움체** 제주명조 제주고딕 본고딕 본명조
이야기 제목들 : **이순신 돋움체**
본문 페이지 : **제주명조**
아야어여 이야기 : **ONE 모바일POP**
누구 뼈? : 빙그레 메로나체
개미가 우르르르 : 빙그레 따옴체
까르르 까르르 : **카페24 써라운드**
소리 내 보세요 : 리디바탕
내가 최고야 : **제주고딕**
도와줘서 고마워요 : KBIZ 한마음명조
너 누구니? : **카페24 쑥쑥 배달의 민족 한나는 열한살**
어디 가지? : **나눔스퀘어라운드**
아기 해마의 하루 : **완도희망체**
나무가 자라서 : 빙그레체
와! 한글을 써요 : **제주고딕 청소년체**
카드 : **본고딕**
광고 페이지 : **카페24써라운드 이순신체** 에스코어드림
마지막 페이지 : **본고딕** 본명조 함초롬바탕체 **ONE 모바일POP**

No part of this publication may be reproduced, stored in a retrieval system, or transmitted, in any form or by any means, electronic, mechanical, photocopying, recording, or otherwise, without the prior written permission of the copyright owner.

이 책의 독창적인 내용에 대한 일체의 무단 전재, 표절 및 도용은 법으로 금지되어 있습니다.

copyright © 2022 Kim Suhie
All rights reserved.

'Hangeul' is also written as 'Hangul'

Published in Korea

와! 받침이 없네　　　**W❀W! I Can Read Korean book 1**

발행일 2022년 3월 1일　펴낸이 김수희　펴낸곳 (주)빅데스크　표지 정진수 김수희　편집 김수희 정태륜 정진수
한글교정 이가윤　영어교정 노민정(Minnie Roh)　녹음 김수희　출판등록 제2019-000124호
이메일 mybookonthedesk@gmail.com